AF187085

Impressum
Verlag: BABADADA GmbH, Nedderfeld 112 , 22529 Hamburg
Geschäftsführer / Verlagsleitung: Harald Hof
Druck: Books on Demand GmbH, In de Tarpen 42, 22848 Norderstedt

Imprint
Publisher: BABADADA GmbH, Nedderfeld 112 , 22529 Hamburg, Germany
Managing Director / Publishing direction: Harald Hof
Print: Books on Demand GmbH, In de Tarpen 42, 22848 Norderstedt

училище
l'école

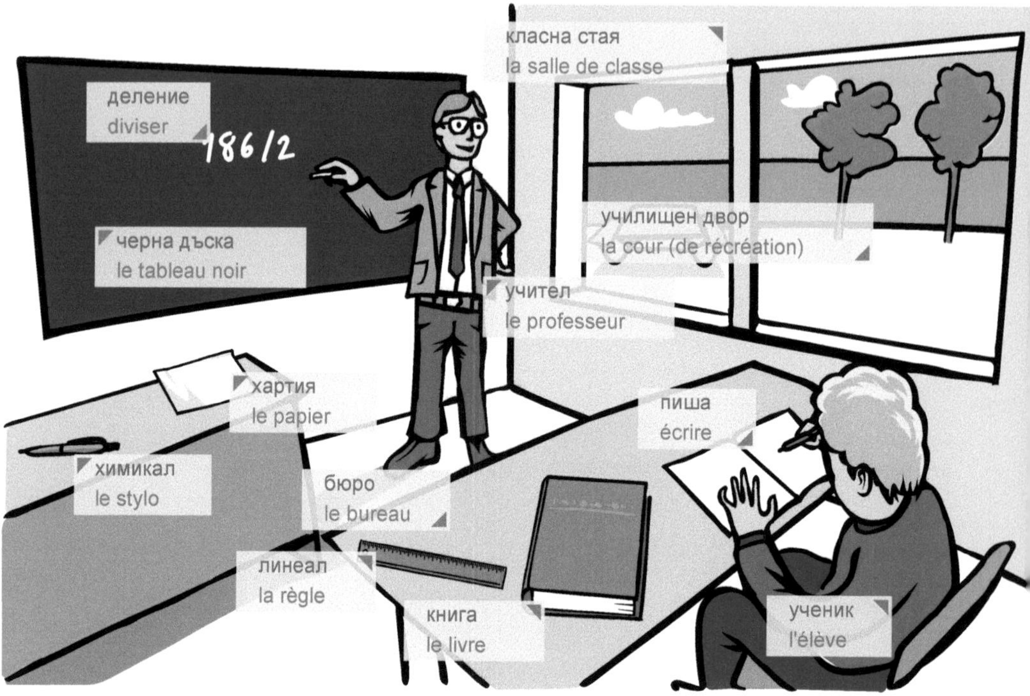
класна стая
la salle de classe
деление
diviser
186/2
черна дъска
le tableau noir
училищен двор
la cour (de récréation)
учител
le professeur
хартия
le papier
пиша
écrire
химикал
le stylo
бюро
le bureau
линеал
la règle
книга
le livre
ученик
l'élève

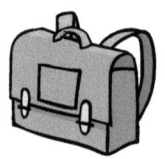

ученическа раница

le cartable

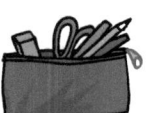

ученически несесер

la trousse

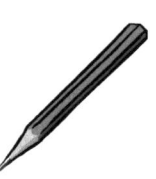

молив

le crayon

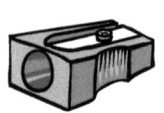

острилка за моливи

le taille-crayon

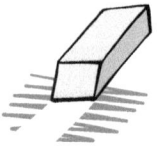

гума

la gomme

блок за рисуване

le carnet à dessin

рисунка

le dessin

четка

le pinceau

акварелни бои

la boîte de peinture

ножица

les ciseaux

лепило

la colle

тетрадка за упражнения

le cahier d'exercices

домашна работа

les devoirs

число

le chiffre

събиране

additionner

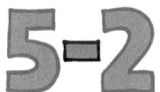

изваждане

soustraire

умножение

multiplier

смятане

calculer

буква

la lettre

азбука

l'alphabet

дума

le mot

текст

le texte

чета

lire

тебешир

la craie

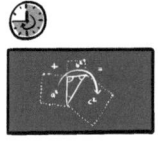

час

la leçon

дневник на класа

le livre de classe

изпит

l'examen

свидетелство

le certificat

ученическа униформа

l'uniforme scolaire

образование

la formation

справочник

le lexique

университет

l'université

микроскоп

le microscope

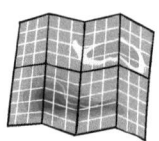

карта

la carte

кошче за хартиени
отпадъци

la corbeille à papier

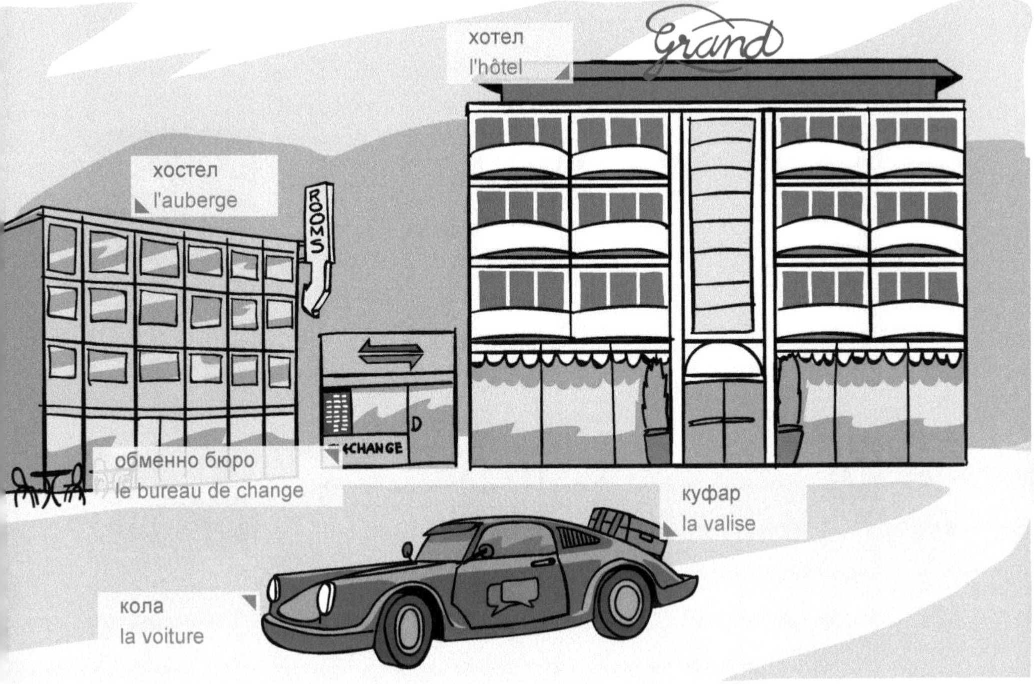

хотел
l'hôtel
Grand
хостел
l'auberge
ROOMS
обменно бюро
le bureau de change
CHANGE
куфар
la valise
кола
la voiture

език
la langue

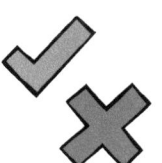

да / не
oui / non

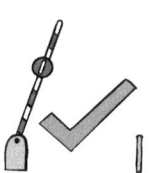

Окей
d'accord

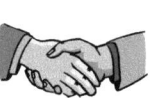

здравей
Salut

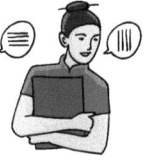

преводач
l'interprète

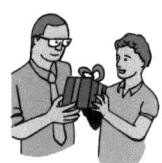

Благодаря
merci

Колко струва...?

Combien coûte...?

Не разбирам

Je ne comprends pas

проблем

le problème

Добър вечер!

Bonsoir !

Добро утро!

Bonjour !

Лека нощ!

Bonne nuit !

довиждане

Au revoir

посока

la direction

багаж

les bagages

пътна чанта

le sac

раница

le sac-à-dos

посетител

l'hôte

стая

la pièce

спален чувал

le sac de couchage

палатка

la tente

туристическа информация

l'office de tourisme

плаж

la plage

кредитна карта

la carte de crédit

закуска

le petit-déjeuner

обед

le déjeuner

вечеря

le dîner

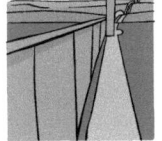

билет

le billet

асансьор

l'ascenseur

пощенска марка

le timbre

граница

la frontière

митница

la douane

посолство

l'ambassade

виза

le visa

паспорт

le passeport

пътуване - le voyage

транспорт
le transport

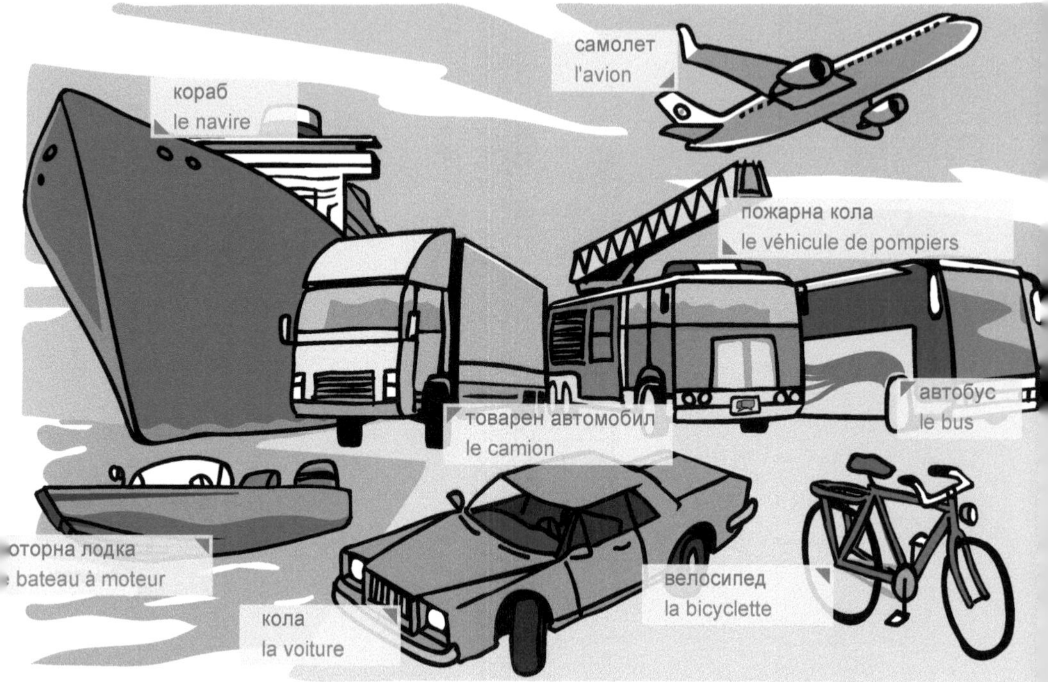
самолет
l'avion
кораб
le navire
пожарна кола
le véhicule de pompiers
автобус
le bus
товарен автомобил
le camion
оторна лодка
bateau à moteur
велосипед
la bicyclette
кола
la voiture

ферибот

le ferry

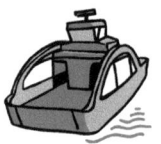

лодка

la barque

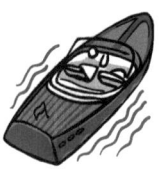

мотоциклет

la moto

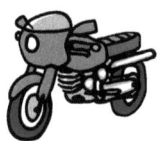

полицейска кола

la voiture de police

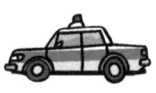

състезателна кола

la voiture de course

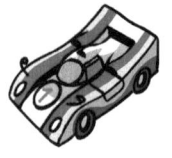

кола под наем

la voiture de location

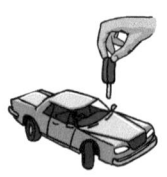

каршеринг

l'auto-partage

автомобил от "Пътна помощ"

la voiture de remorquage

сметовоз

la benne à ordures

двигател

le moteur

бензин

l'essence

бензиностанция

la station d'essence

пътен знак

le panneau indicateur

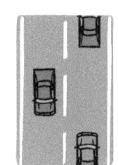

улично движение

le trafic

задръстване

l'embouteillage

паркинг

le parking

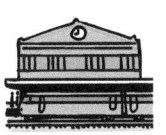

гара

la gare

релси

les rails

влак

le train

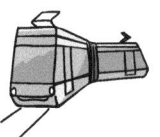

трамвай

le tramway

вагон

le wagon

хеликоптер

l'hélicoptère

аерогара

l'aéroport

кула

la tour

пасажер

le passager

контейнер

le conteneur

кашон

le carton

ръчна количка

le chariot

кошница

la corbeille

излитам / приземявам се

décoller / atterrir

град

la ville

село

le village

градски център

le centre-ville

къща

la maison

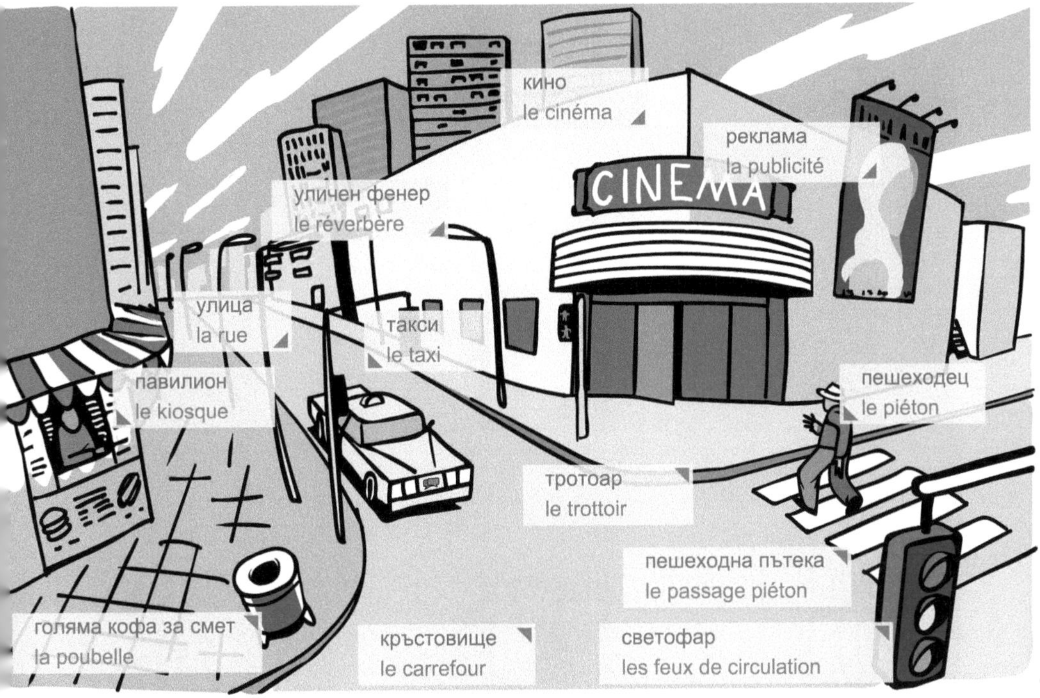

кино
le cinéma

реклама
la publicité

уличен фенер
le réverbère

улица
la rue

такси
le taxi

павилион
le kiosque

пешеходец
le piéton

тротоар
le trottoir

пешеходна пътека
le passage piéton

голяма кофа за смет
la poubelle

кръстовище
le carrefour

светофар
les feux de circulation

CINEMA

хижа
la cabane

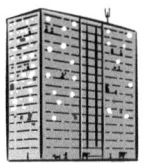

жилище
l'appartement

гара
la gare

кметство
la mairie

музей
le musée

училище
l'école

университет

l'université

банка

la banque

болница

l'hôpital

хотел

l'hôtel

аптека

la pharmacie

офис

le bureau

книжарница

la librairie

магазин за цветя

le magasin

магазин за цветя

le fleuriste

супермаркет

le supermarché

пазар

le marché

универсален магазин

le grand magasin

търговец на риба

la poissonnerie

търговски център

le centre commercial

пристанище

le port

парк

le parc

пейка

la banque

мост

le pont

стълба

les escaliers

метро

le métro

тунел

le tunnel

автобусна спирка

l'arrêt de bus

бар

le bar

ресторант

le restaurant

пощенска кутия

la boîte à lettres

улична табелка

le panneau indicateur

часовник за паркинг
престой

le parcmètre

зоологическа градина

le zoo

плувен басейн

le réverbère

джамия

la mosquée

селски двор

la ferme

замърсяване на околната
среда

la pollution

гробище

la cimetière

църква

l'église

детска площадка

l'aire de jeux

храм

le temple

пейзаж
le paysage

листо
la feuille

пътепоказател
le panneau indicateur

път
le chemin

ливада
le pré

камък
la pierre

дърво
l'arbre

пътешественик
le randonneur

река
la rivière

трева
l'herbe

цвете
la fleur

долина
la vallée

планина
la montagne

море
le lac

гора
la forêt

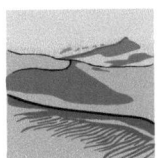

пустиня
le désert

вулкан
le volcan

замък
le château

дъга
l'arc-en-ciel

гъба
le champignon

палма
le palmier

комар
le moustique

муха
la mouche

мравка
les fourmis

пчела
l'abeille

паяк
l'araignée

пейзаж - le paysage

бръмбар
le coléoptère

жаба
la grenouille

катеричка
l'écureuil

таралеж
le hérisson

заек
le lièvre

кукумявка
la chouette

птица
l'oiseau

лебед
le cygne

диво прасе
le sanglier

елен
le cerf

лос
l'élan

бент
le barrage

вятърна турбина
l'éolienne

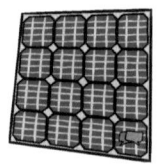

соларен модул
le panneau solaire

климат
le climat

ресторант
le restaurant

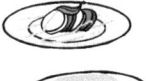

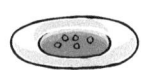

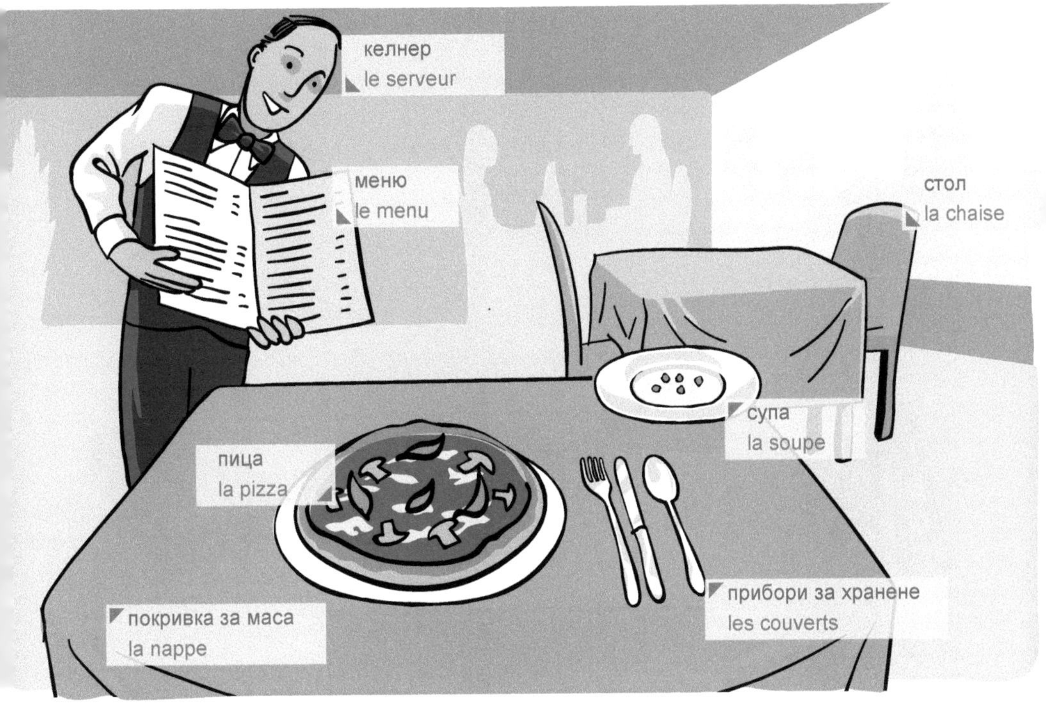
келнер
le serveur
меню
le menu
стол
la chaise
супа
la soupe
пица
la pizza
прибори за хранене
les couverts
покривка за маса
la nappe

предястие

les hors d'œuvre

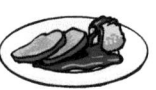

основно ястие

le plat principal

десерт

le dessert

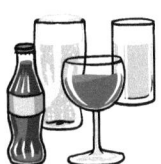

напитки

les boissons

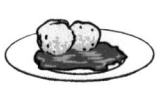

ядене

l'alimentation

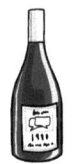

бутилка

la bouteille

бързо хранене

le fast-food

улична храна

les plats à emporter

кана за чай

la théière

кутия за захар

le sucrier

порция

la portion

еспресо машина

la machine à expresso

висок детски стол

la chaise haute

сметка

la facture

табла

le plateau

ножица за нокти

le couteau

вилица

la fourchette

лъжица

la cuillère

чаена лъжичка

la cuillère à thé

салфетка

la serviette

стъклена чаша

le verre

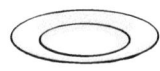

чиния

l'assiette

чиния за супа

l'assiette à soupe

чинийка

la soucoupe

сос

la sauce

солница

la salière

мелничка за черен пипер

le moulin à poivre

оцет

le vinaigre

олио

l'huile

подправки

les épices

кетчуп

le ketchup

горчица

la moutarde

майонеза

la mayonnaise

ресторант - le restaurant

супермаркет
le supermarché

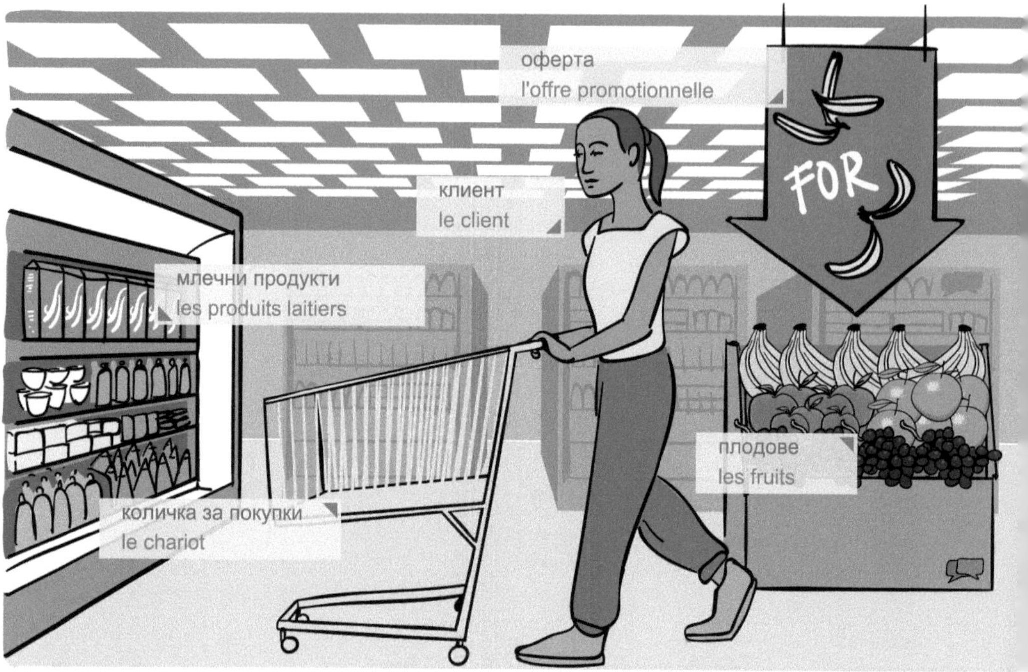

оферта
l'offre promotionnelle
FOR
клиент
le client
млечни продукти
les produits laitiers
плодове
les fruits
количка за покупки
le chariot

BUTCHERS

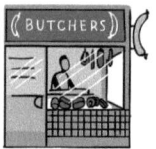

кланица

la boucherie

BAKERY

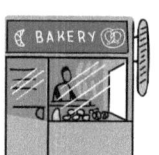

хлебарница

la boulangerie

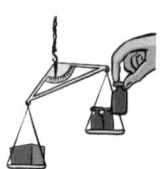

тегля

peser

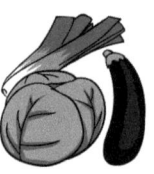

зеленчуци

les légumes

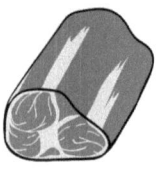

месо

la viande

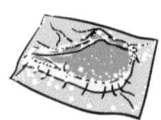

дълбоко замразена храна

les aliments surgelés

нарязан колбас или сирене
la charcuterie

консерви
les conserves

перилен препарат
la poudre à lessive

лакомства
les bonbons

домакински изделия
les articles ménagers

почистващи препарати
les détergents

продавачка
la vendeuse

каса
la caisse

касиер
le caissier

списък на покупките
la liste d'achats

работно време
les heures d'ouverture

портфейл
le portefeuille

кредитна карта
la carte de crédit

чанта
le sac

пластмасова торба
le sac en plastique

вода

l'eau

сок

le jus de fruit

мляко

le lait

кола

le coca

вино

le vin

бира

la bière

алкохол

l'alcool

какао

le chocolat chaud

чай

le thé

кафе машина

le café

еспресо

l'expresso

капучино

le cappuccino

банан

la banane

ябълка

la pomme

портокал

l'orange

пъпеш

le melon

лимон

le citron.

морков

la carotte

чесън

l'ail

бамбук

le bambou

лук

l'oignon

гъба

le champignon

ядки

les noisettes

макарони

les pâtes

спагети

les spaghetti

ориз

le riz

салата

la salade

пържени картофи

les pommes frites

печени картофи

les pommes de terre rôties

пица

la pizza

хамбургер

le hamburger

сандвич

le sandwich

шницел

l'escalope

шунка

le jambon

траен колбас

le salami

салам

la saucisse

пиле

le poulet

печено

le rôti

риба

le poisson

овесени ядки

les flocons d'avoine

мюсли

le muesli

корнфлейкс

les cornflakes

брашно

la farine

кроасан

le croissant

хлебчета

les petits-pains

хляб

le pain

препечена филийка

le pain grillé

бисквити

les biscuits

масло

le beurre

извара

le fromage blanc

сладкиш

le gâteau

яйце

l'œuf

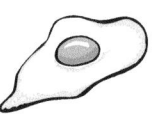

яйца на очи

l'œuf au plat

сирене

le fromage

сладолед

la glace

захар

le sucre

мед

le miel

мармалад

la confiture

нуга крем

la crème nougat

къри

le curry

селски двор
la ferme

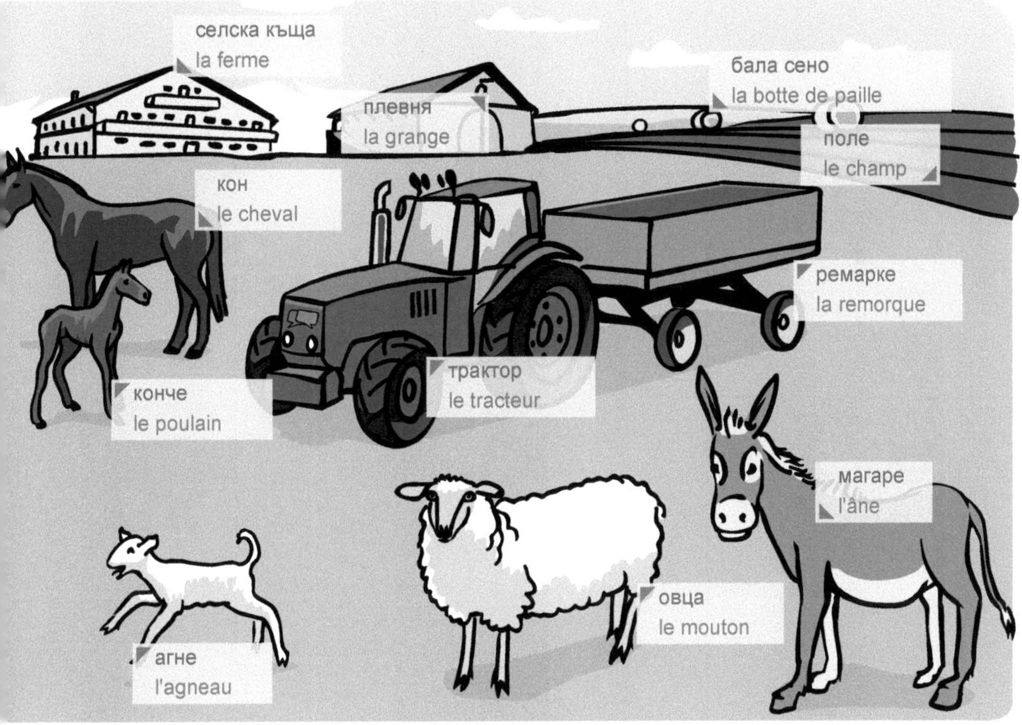
селска къща
la ferme
плевня
la grange
бала сено
la botte de paille
поле
le champ
кон
le cheval
ремарке
la remorque
трактор
le tracteur
конче
le poulain
магаре
l'âne
овца
le mouton
агне
l'agneau

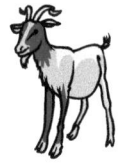

коза
la chèvre

крава
la vache

теле
le veau

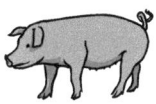

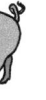

свиня
le porc

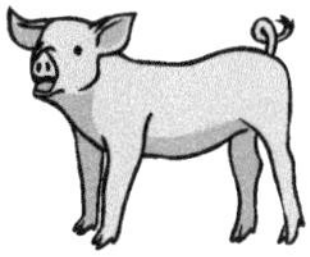

прасенце
le porcelet

бик
le taureau

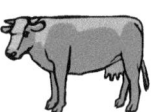

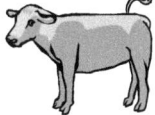

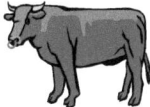

гъска

l'oie

патица

le canard

пиленце

le poussin

кокошка

la poule

петел

le coq

плъх

le rat

котка

le chat

мишка

la souris

вол

le bœuf

куче

le chien

кучешка колиба

le chenil

градински маркуч

le tuyau de jardin

лейка

l'arrosoir

коса

la faucheuse

плуг

la charrue

сърп

la faucille

мотика

la pioche

вила за тор

la fourche

брадва

la hache

ръчна количка

la brouette

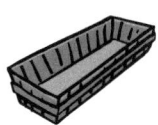

корито

la cuve

съд за мляко

le pot à lait

чувал

le sac

ограда

la clôture

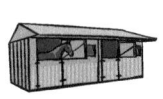

обор

l'étable

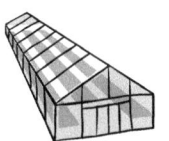

парник

le serre

земя

le sol

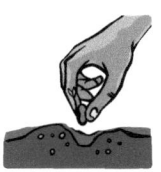

сеитба

les semences

тор

l'engrais

комбайн

la moissonneuse-batteuse

жъна

récolter

реколта

la récolte

ямс

l'igname

жито

le blé

соя

le soja

картоф

la pomme de terre

царевица

le maïs

рапица

le colza

овощно дърво

l'arbre fruitier

маниока

le manioc

зърнени храни

les céréales

къща
la maison

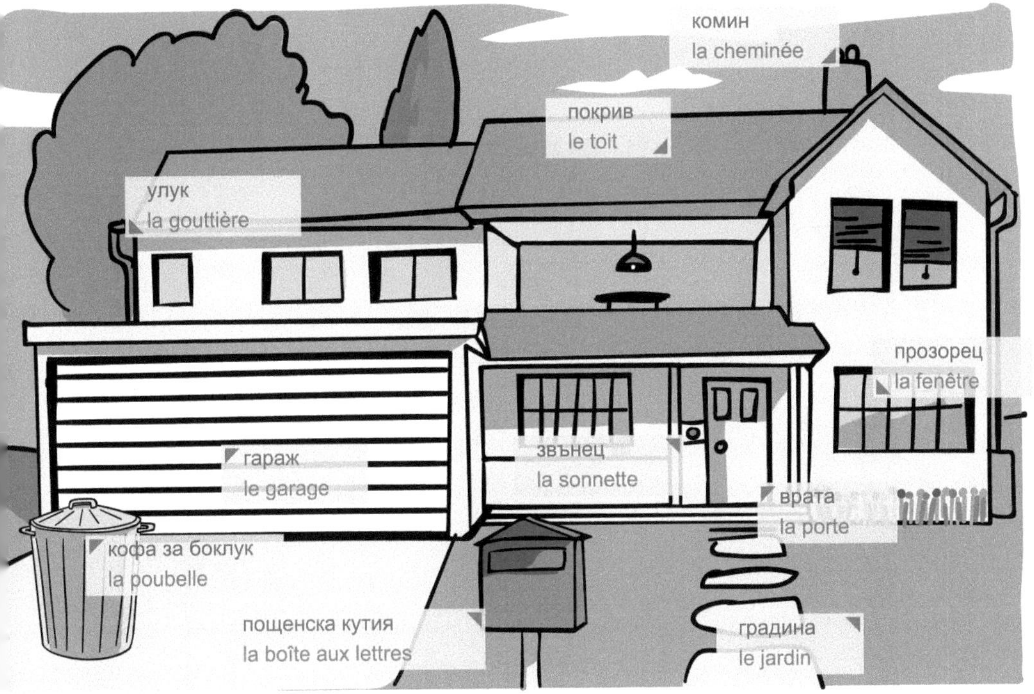

комин
la cheminée
покрив
le toit
улук
la gouttière
прозорец
la fenêtre
гараж
le garage
звънец
la sonnette
врата
la porte
кофа за боклук
la poubelle
пощенска кутия
la boîte aux lettres
градина
le jardin

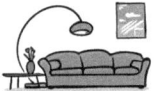

всекидневна

le salon

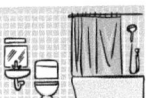

баня

la salle de bain

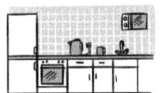

кухня

la cuisine

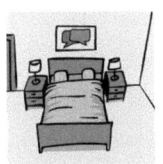

спалня

la chambre à coucher

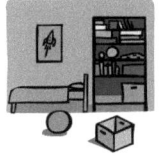

детска стая

la chambre d'enfant

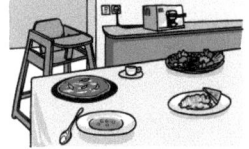

трапезария

la salle à manger

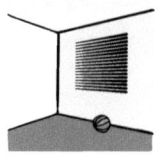

под
....
le sol

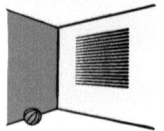

стена
....
le mur

таван
....
le plafond

изба
....
la cave

сауна
....
le sauna

балкон
....
le balcon

тераса
....
la terrasse

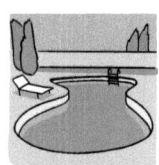

плувен басейн
....
la piscine

косачка
....
la tondeuse à gazon

спално бельо
....
la housse

покривка за легло
....
la couette

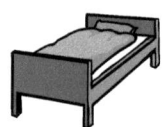

легло
....
le lit

метла
....
le balai

кофа
....
le sceau

електрически ключ
....
l'interrupteur

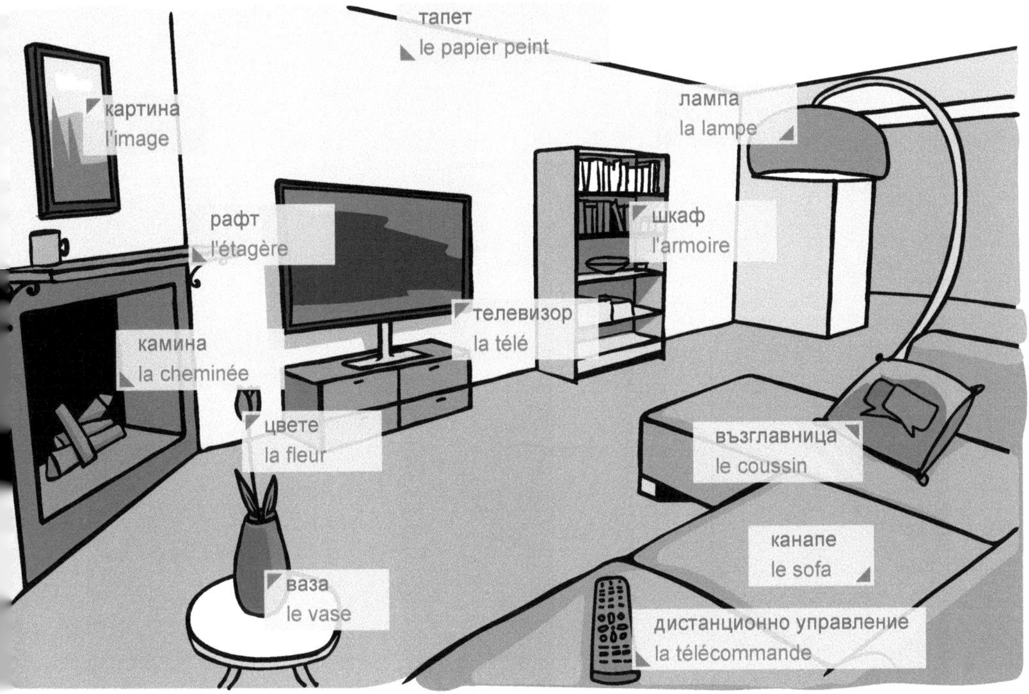

тапет
le papier peint

картина
l'image

лампа
la lampe

рафт
l'étagère

шкаф
l'armoire

камина
la cheminée

телевизор
la télé

цвете
la fleur

възглавница
le coussin

канапе
le sofa

ваза
le vase

дистанционно управление
la télécommande

килим

le tapis

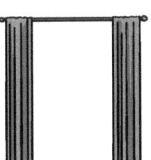

завеса

le rideau

маса

la table

стол

la chaise

люлеещ се стол

la chaise à bascule

кресло

le fauteuil

книга

le livre

одеяло

la couverture

декорация

la décoration

дърва за отопление

le bois de chauffage

филм

le film

стерео уредба

la chaîne hi-fi

ключ

la clé

вестник

le journal

живопис

la peinture

постер

le poster

радио

la radio

бележник

le bloc-notes

прахосмукачка

l'aspirateur

кактус

le cactus

свещ

la bougie

кухня
la cuisine

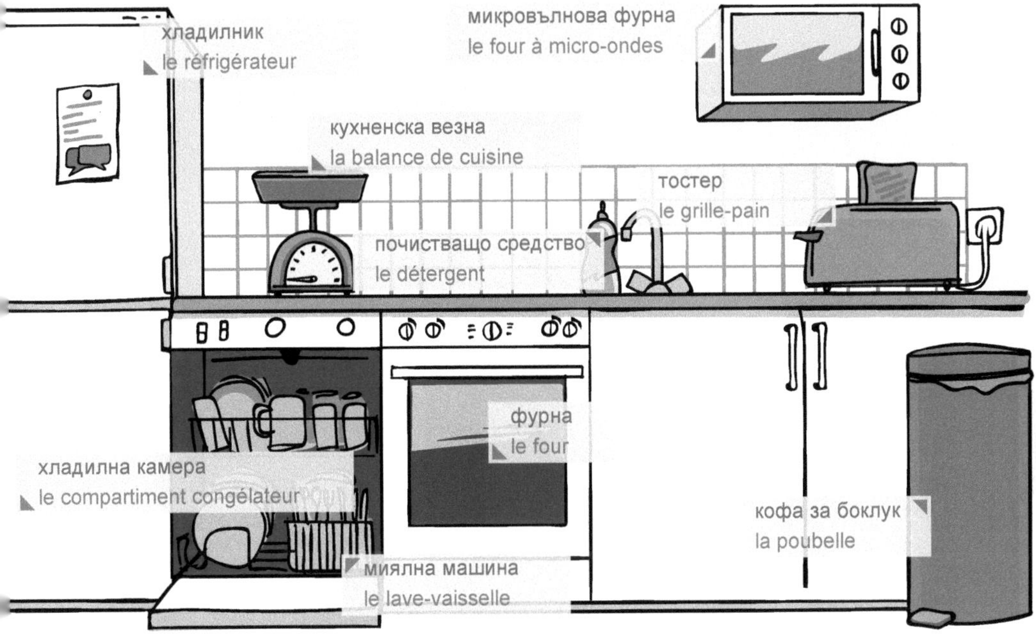

хладилник
le réfrigérateur
микровълнова фурна
le four à micro-ondes
кухненска везна
la balance de cuisine
тостер
le grille-pain
почистващо средство
le détergent
фурна
le four
хладилна камера
le compartiment congélateur
кофа за боклук
la poubelle
миялна машина
le lave-vaisselle

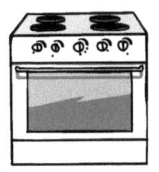

готварска печка

le four

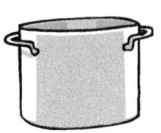

тенджера

la casserole

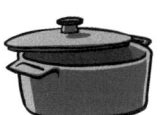

желязна тенджера

la marmite

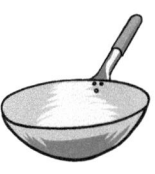

уок / кадаи

le wok / kadai

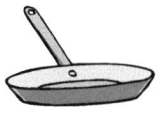

тиган

la poêle

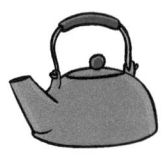

кана за затопляне на вода

la bouilloire electrique

уред за готвене на пара

le cuiseur vapeur

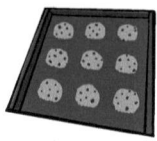

тава за печене

la plaque de cuisson

съдове

la vaisselle

чаша

le gobelet

купа

la coupe

клечки за хранене

les baguettes

черпак

la louche

лопатка за тиган

la spatule

тел за разбиване (на яйца, белтъци)

le fouet

кошница за варене

la passoire

гевгир

le tamis

ренде

la râpe

хаван

le mortier

барбекю

le barbecue

огнище

la cheminée

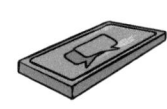

дъска
la planche à découper

точилка
le rouleau à pâtisserie

тирбушон
le tire-bouchon

кутия
la boîte

отварачка за консерви
l'ouvre-boîte

кухненска ръкохватка
les maniques

мивка
le lavabo

четка
la brosse

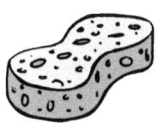

гъба
l'éponge

миксер
le mixeur

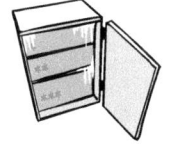

фризер
le congélateur

бебешко шише
le biberon

воден кран
le robinet

баня
la salle de bain

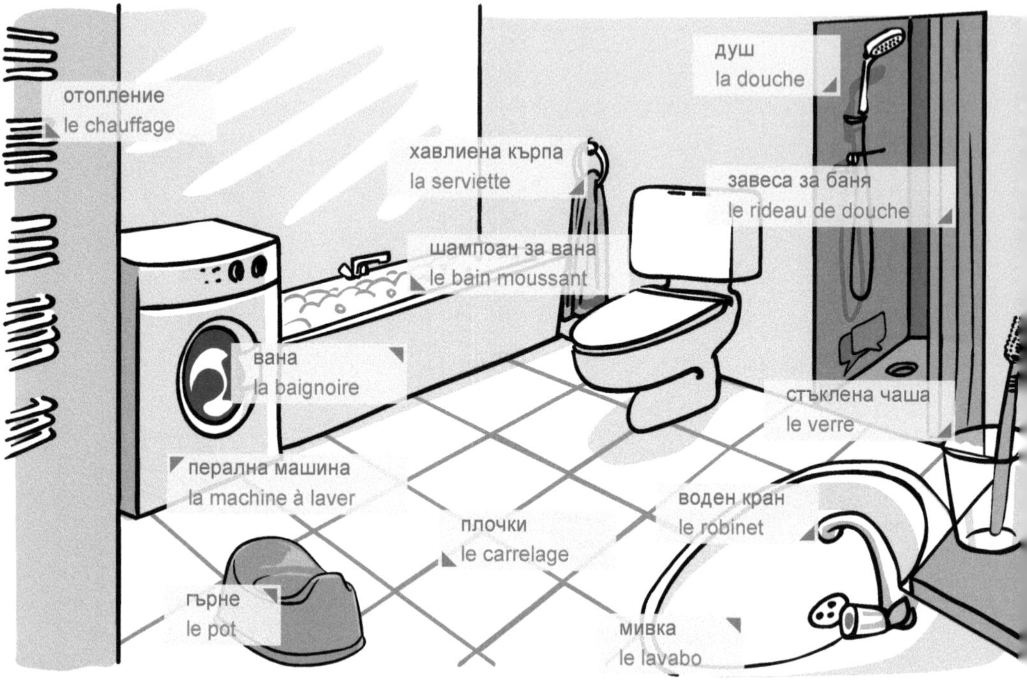

душ
la douche

отопление
le chauffage

хавлиена кърпа
la serviette

завеса за баня
le rideau de douche

шампоан за вана
le bain moussant

вана
la baignoire

стъклена чаша
le verre

перална машина
la machine à laver

плочки
le carrelage

воден кран
le robinet

гърне
le pot

мивка
le lavabo

тоалетна

les toilettes

клекало

la toilette à la turque

биде

le bidet

писоар

l'urinoir

тоалетна хартия

le papier toilette

четка за тоалетна

la brosse à toilette

четка за зъби

la brosse à dents

паста за зъби

le dentifrice

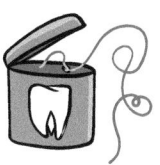

конец за зъби

le fil dentaire

мия

laver

ръчен душ

la douche manuelle

интимен душ

la douche intime

леген

la vasque

четка за гръб

la brosse dorsale

сапун

le savon

душ гел

le gel douche

шампоан за вана

le shampooing

гъба за баня

le gant de toilette

сифон

l'écoulement

крем

la crème

дезодорант

le déodorant

огледало

le miroir

козметично огледало

le miroir cosmétique

ръчна самобръсначка

le rasoir

пяна за бръснене

la mousse à raser

одеколон за след бръснене

l'après-rasage

гребен

la peigne

четка

la brosse

сешоар

le sèche-cheveux

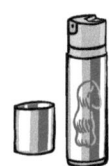

спрей за коса

la laque pour cheveux

грим

le fond de teint

червило

le rouge à lèvres

лак за нокти

le vernis à ongles

памук

l'ouate

ножица за нокти

le coupe-ongles

парфюм

le parfum

тоалетна чантичка

la trousse de toilette

табуретка

le tabouret

везна

le pèse-personne

хавлия

le peignoir

домакински ръкавици

les gants de nettoyage

тампон

le tampon

дамски превръзки

les serviettes hygiéniques

химическа тоалетна

la toilette chimique

детска стая

la chambre d'enfant

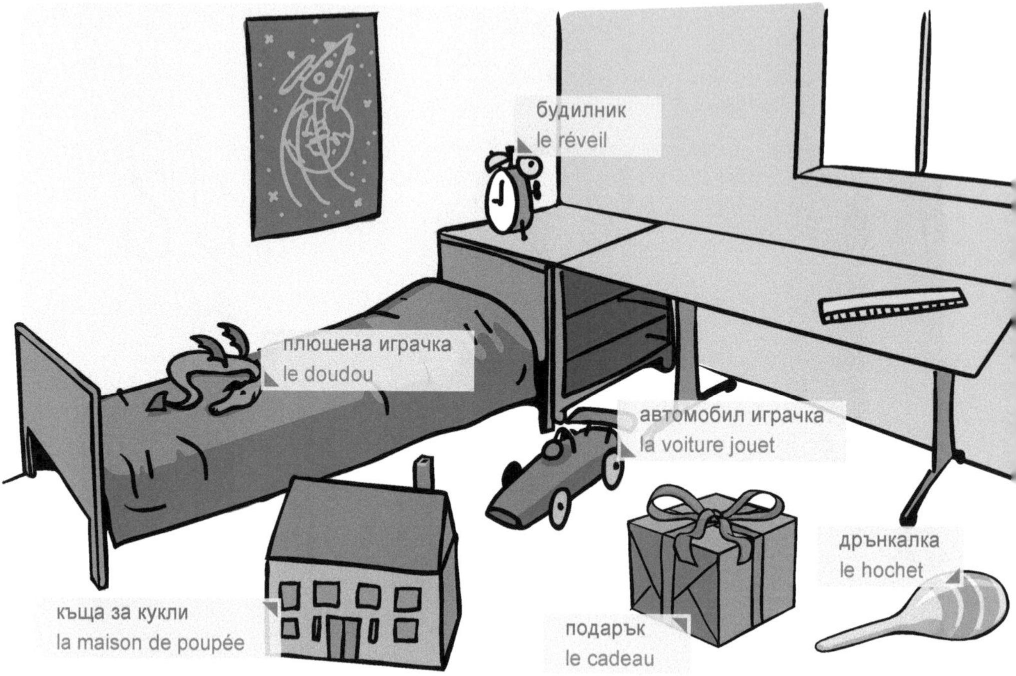
будилник
le réveil
плюшена играчка
le doudou
автомобил играчка
la voiture jouet
дрънкалка
le hochet
къща за кукли
la maison de poupée
подарък
le cadeau

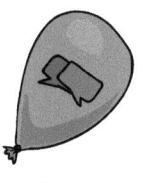

балон

le ballon

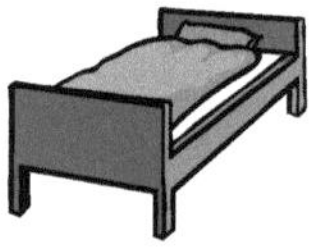

легло

le lit

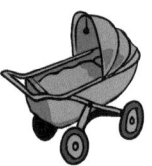

детска количка

la poussette

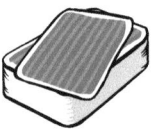

игра на карти

le jeu de cartes

пъзел

le puzzle

SUPER
MEGA

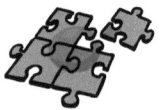

комикс

la bande dessinée

лего елементи

les pièces lego

строителни елементи

les blocs de construction

екшън фигурка

la figurine

бебешки гащеризон

la grenouillère

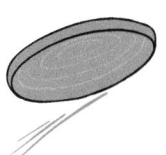

фрисби

le frisbee

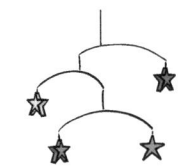

бебешки играчки за легло

le mobile

настолна игра

le jeu de société

зарче

le dé

миниатюрно влакче

le train miniature

биберон

la sucette

парти

la fête

детска книга с илюстрации

le livre d'images

топка

la balle

кукла

la poupée

играя

jouer

пясъчник

le bac à sable

люлка

la balançoire

играчка

les jouets

игрова конзола

la console de jeu

велосипед с три колелета

le tricycle

плюшено мече

l'ours en peluche

гардероб

l'armoire

облекло

les vêtements

къси чорапи

les chaussettes

дълги чорапи

les bas

чорапогащник

le collant

шал
l'écharpe

чадър
le parapluie

Т-шърт
le t-shirt

колан
la ceinture

ботуши
les bottes

пантофи
les pantoufles

гуменки
les baskets

сандали
les sandales

обувки
les chaussures

гумени ботуши
les bottes de caoutchouc

слип
les sous-vêtements

сутиен
le soutien-gorge

долна блуза
le maillot de corps

облекло - les vêtements

45

боди

le body

панталон

le pantalon

дънки

le jean

пола

la jupe

блуза

le chemisier

риза

la chemise

пуловер

le pull

суичър

le sweat à capuche

блейзър

la veste

яке

la veste

палто

le manteau

дъждобран

l'imperméable

костюм

le costume

рокля

la robe

булчинска рокля

la robe de mariée

костюм

le costume

нощница

la chemise de nuit

пижама

le pyjama

сари

le sari

кърпа за глава

le foulard

тюрбан

le turban

бурка

la burqa

кафтан

le caftan

абая

l'abaya

бански костюм

le maillot de bain

плувни шорти

le maillot de bain

къс панталон

le short

анцуг

la tenue d'entraînement

престилка

le tablier

ръкавици

les gants

копче

le bouton

очила

les lunettes

гривна

le bracelet

верижка

le collier

пръстен

la bague

обеца

la boucle d'oreille

каскет

le bonnet

закачалка

le cintre

шапка

le chapeau

вратовръзка

la cravate

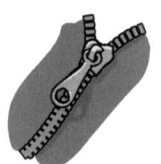

цип

la fermeture éclair

каска

le casque

тиранти

les bretelles

ученическа униформа

l'uniforme scolaire

униформа

l'uniforme

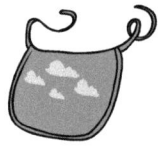

лигавник

le bavoir

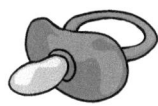

биберон

la sucette

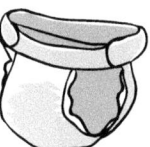

пелена

la lange

офис
le bureau

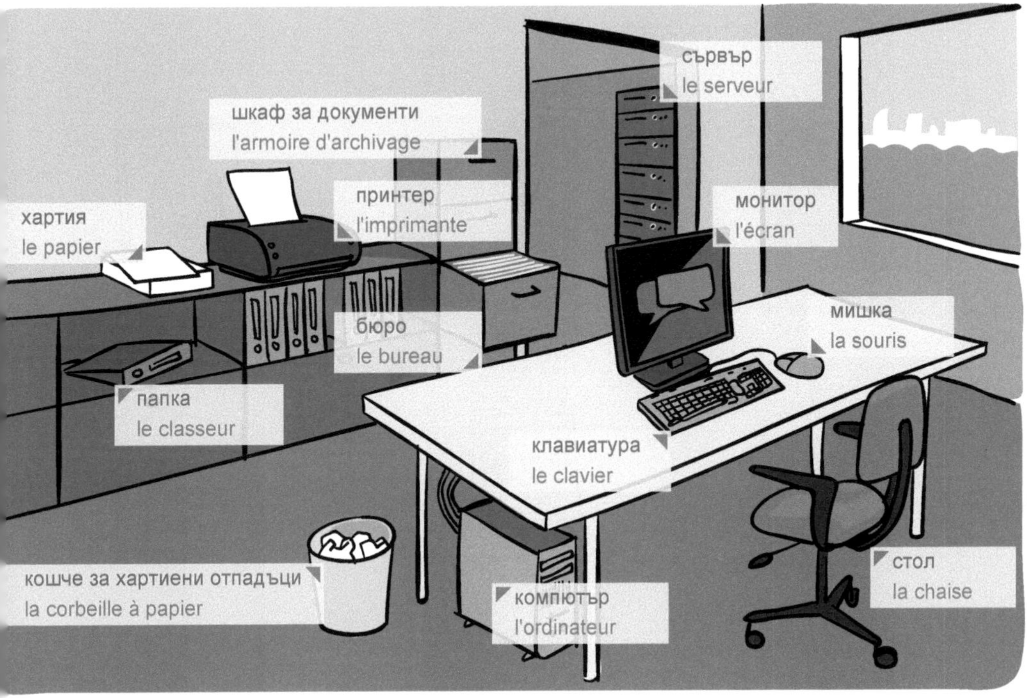
сървър
le serveur
шкаф за документи
l'armoire d'archivage
принтер
l'imprimante
хартия
le papier
монитор
l'écran
мишка
la souris
бюро
le bureau
папка
le classeur
клавиатура
le clavier
кошче за хартиени отпадъци
la corbeille à papier
компютър
l'ordinateur
стол
la chaise

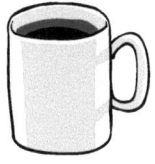

чаша за кафе

la tasse de café

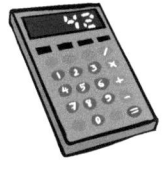

джобен калкулатор

la calculatrice

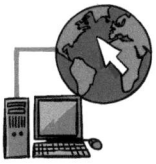

интернет

l'internet

лаптоп

l'ordinateur portable

писмо

la lettre

съобщение

le message

мобилен телефон

le portable

мрежа

le réseau

ксерокс

la photocopieuse

софтуер

le logiciel

телефон

le téléphone

контакт

la prise

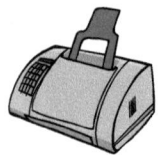

факс

le fax

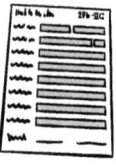

формуляр

le formulaire

документ

le document

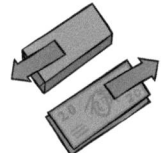

купувам

acheter

плащам

payer

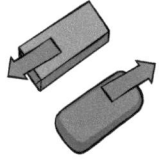

търгувам

faire du commerce

пари

la monnaie

долар

le dollar

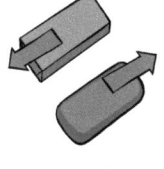

евро

l'euro

йена

le yen

рубла

le rouble

швейцарски франк

le franc suisse

ренминби юан

le renminbi yuan

рупия

la roupie

банкомат

le distributeur automatique

обменно бюро

le bureau de change

злато

l'or

сребро

l'argent

нефт

le pétrole

енергия

l'énergie

цена

le prix

договор

le contrat

данък

la taxe

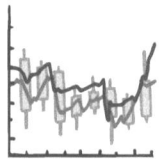

акция

l'action

работя

travailler

служител

l'employé

работодател

l'employeur

фабрика

l'usine

магазин за цветя

le magasin

професии
les professions

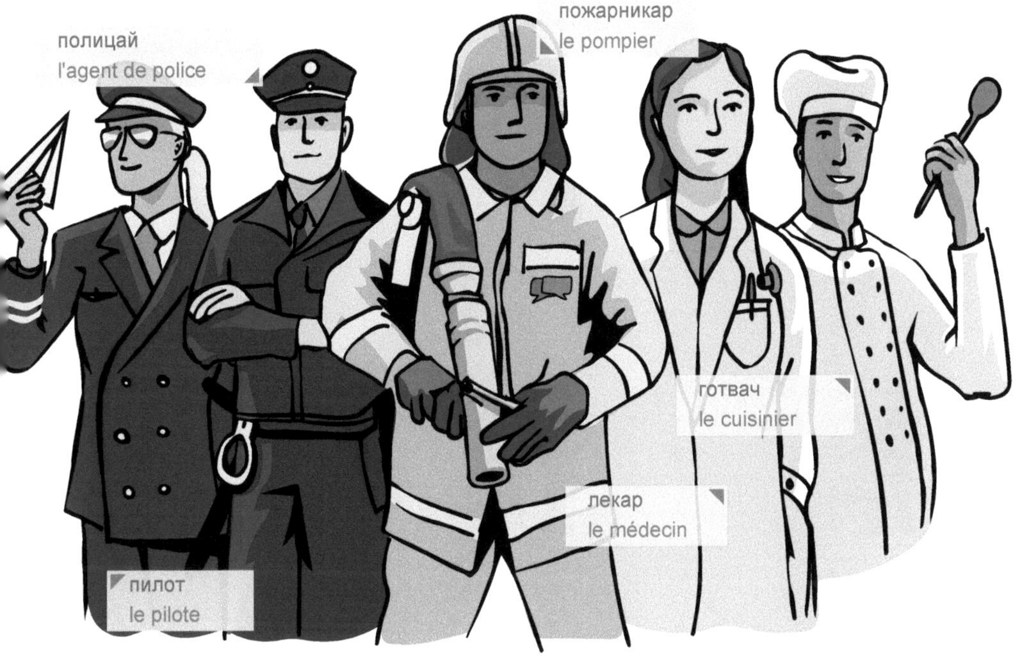

полицай
l'agent de police
пожарникар
le pompier
готвач
le cuisinier
лекар
le médecin
пилот
le pilote

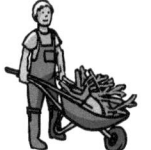

градинар

le jardinier

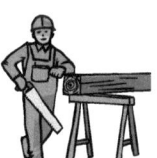

мебелист

le menuisier

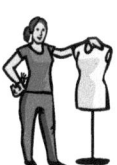

шивачка

la couturière

съдия

le juge

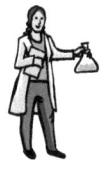

химик

le chimiste

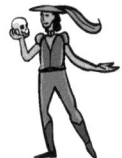

артист

l'acteur

шофьор на автобус

le conducteur de bus

шофьор на такси

le chauffeur de taxi

рибар

le pêcheur

чистачка

la femme de ménage

майстор на покриви

le couvreur

келнер

le serveur

ловец

le chasseur

художник

le peintre

хлебар

le boulanger

електротехник

l'électricien

строителен работник

l'ouvrier

инженер

l'ingénieur

касапин

le boucher

тенекеджия

le plombier

пощальон

le facteur

войник

le soldat

архитект

l'architecte

касиер

le caissier

цветар

le fleuriste

фризьор

le coiffeur

кондуктор

le contrôleur

механик

le mécanicien

капитан

le capitaine

зъболекар

le dentiste

научен работник

le scientifique

равин

le rabbin

имàм

l'imam

монах

le moine

свещеник

le prêtre

инструменти
les outils

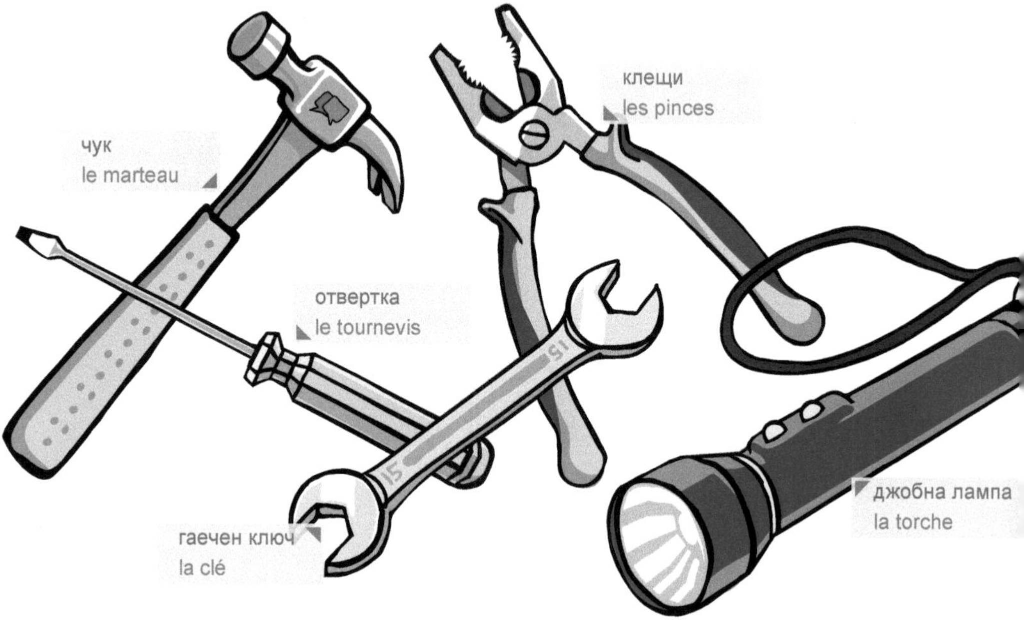
клещи
les pinces
чук
le marteau
отвертка
le tournevis
гаечен ключ
la clé
джобна лампа
la torche

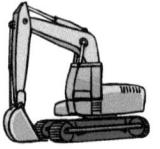

багер

la pelleteuse

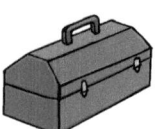

кутия за инструменти

la boîte à outils

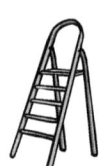

стълба

l'échelle

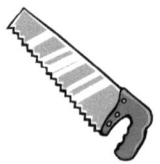

трион

la scie

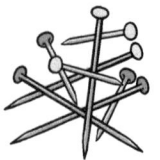

пирони

les clous

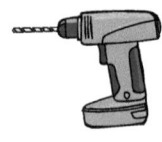

бормашина

la perceuse

ремонтирам

réparer

лопата

la pelle

По дяволите!

Mince !

лопатка за смет

la pelle

кутия за боя

le pot de peinture

болтове

les vis

музикални инструменти
les instruments de musique

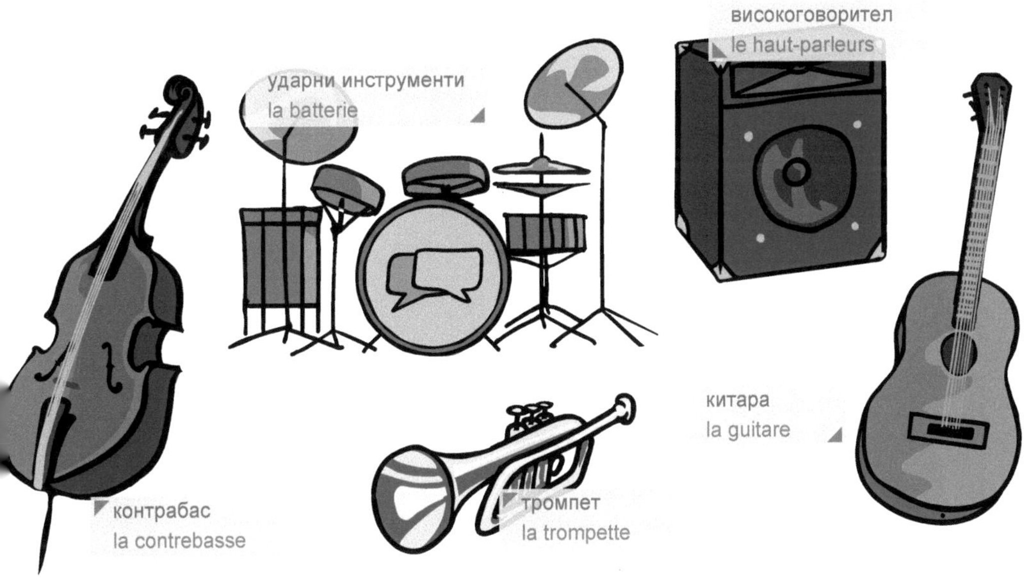

ударни инструменти
la batterie

високоговорител
le haut-parleurs

китара
la guitare

контрабас
la contrebasse

тромпет
la trompette

пиано

le piano

виолина

le violon

контрабас

la basse

тимпан

les timbales

барабан

le tambour

електрическо пиано

le piano électrique

саксофон

le saxophone

флейта

la flûte

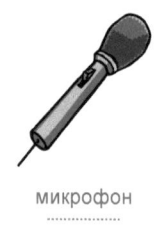

микрофон

le microphone

зоологическа градина

le zoo

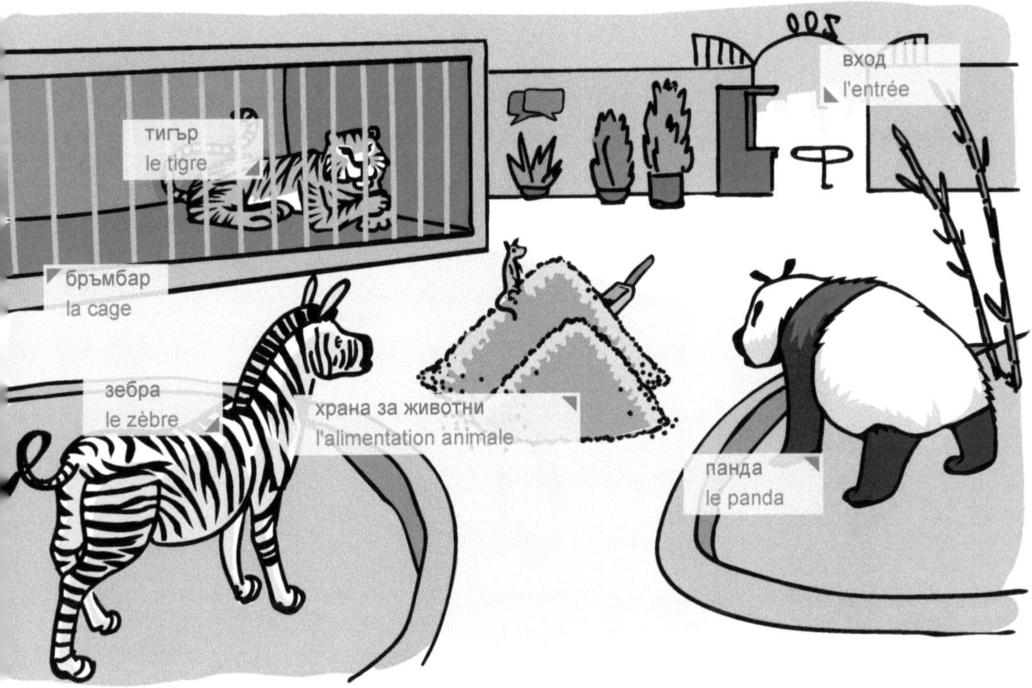

вход
l'entrée
тигър
le tigre
бръмбар
la cage
зебра
le zèbre
храна за животни
l'alimentation animale
панда
le panda

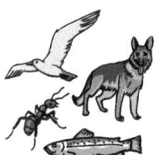

животни

les animaux

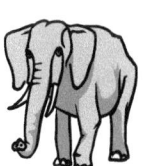

слон

l'éléphant

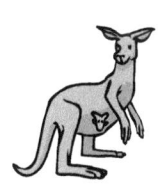

кенгуру

le kangourou

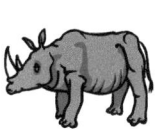

носорог

le rhinocéros

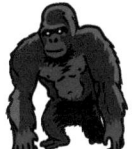

горила

le gorille

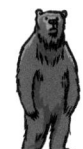

мечка

l'ours

камила

le chameau

щраус

l'autruche

лъв

le lion

маймуна

le singe

фламинго

le flamand rose

папагал

le perroquet

бяла мечка

l'ours polaire

пингвин

le pingouin

акула

le requin

паун

le paon

змия

le serpent

крокодил

le crocodile

пазач в зоологическа
градина

le gardien de zoo

тюлен

le phoque

ягуар

le jaguar

пони

le poney

леопард

le léopard

хипопотам

l'hippopotame

жираф

la girafe

орел

l'aigle

диво прасе

le sanglier

риба

le poisson

костенурка

la tortue

морж

le morse

лисица

le renard

газела

la gazelle

les sports

американски футбол
l'american Football

колоездене
le cyclisme

тенис
le tennis

баскетбол
le basket-ball

плуване
la natation

бокс
la boxe

хокей на лед
le hockey sur glace

футбол
le football

бадминтон
le badminton

лека атлетика
l'athlétisme

хандбал
le handball

ски бягане
le ski

поло
le polo

смея се
rire

скачам
sauter

прегръщам
embrasser

вървя
marcher

пея
chanter

сънувам
rêver

моля се
prier

целувам
faire la bise

пиша
écrire

рисувам
dessiner

показвам
montrer

бутам
pousser

давам
donner

взимам
prendre

имам
avoir

правя
faire

съм
être

стоя
être debout

тичам
courir

дърпам
trier

хвърлям
jeter

падам
tomber

лежа
être couché

чакам
attendre

нося
porter

седя
être assis

обличам
s'habiller

спя
dormir

събуждам се
se réveiller

разглеждам

regarder

плача

pleurer

милвам

caresser

реша се

peigner

говоря

parler

разбирам

comprendre

питам

demander

слушам

écouter

пия

boire

ям

manger

разтребвам

ranger

обичам

aimer

готвя

cuire

карам автомобил

conduire

летя

voler

плавам (с платна)

faire de la voile

смятане

calculer

чета

lire

уча

apprendre

работя

travailler

женя се

se marier

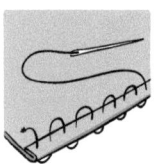

шия

coudre

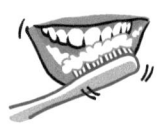

измивам си зъбите

brosser les dents

убивам

tuer

пуша

fumer

изпращам

envoyer

аба
a grand-mère

дядо
le grand-père

баща
le père

майка
la mère

бебе
le bébé

дъщеря
la fille

син
le fils

посетител

l'hôte

леля

la tante

чичо

l'oncle

брат

le frère

сестра

la sœur

тяло
le corps

чело
le front
око
l'œil
рамо
l'épaule
пръст
le doigt
лице
le visage
брадичка
le menton
ръка
la main
крак
la jambe
гърди
la poitrine
ръка
le bras

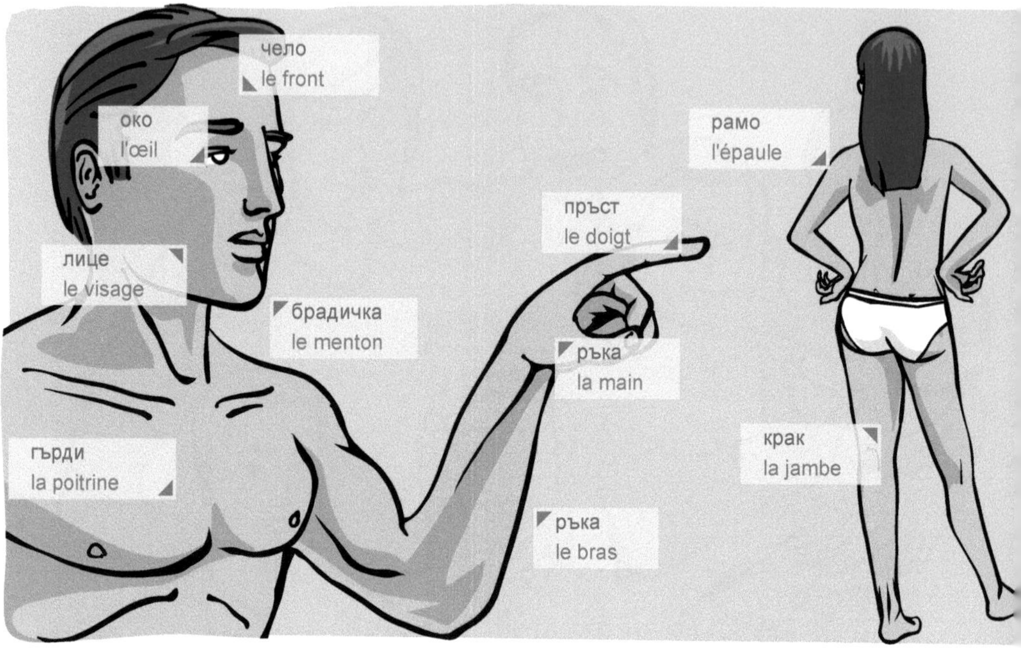

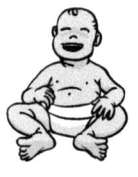

бебе

le bébé

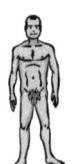

мъж

l'homme

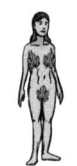

жена

la femme

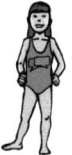

момиче

la fille

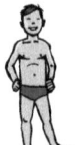

момче

le garçon

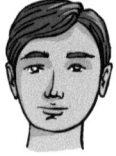

глава

la tête

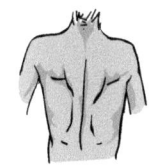

гръб
le dos

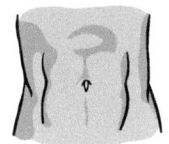

корем
le ventre

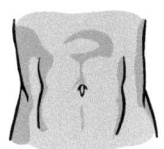

пъп
le nombril

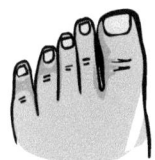

пръст на крака
l'orteil

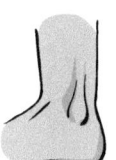

пета
le talon

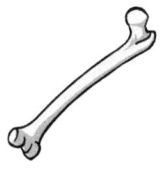

кост
l'os

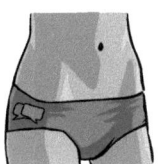

хълбок
la hanche

коляно
le genou

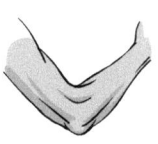

лакът
le coude

нос
le nez

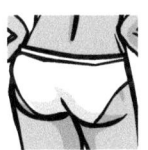

седалище
les fesses

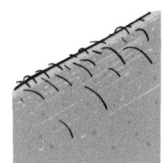

кожа
la peau

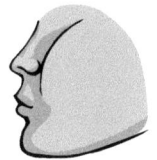

буза
la joue

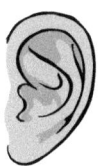

ухо
l'oreille

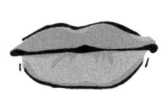

устна
la lèvre

тяло - le corps

уста

la bouche

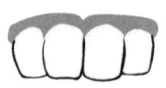

зъб

la dent

език

la langue

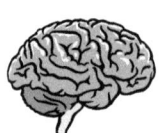

мозък

le cerveau

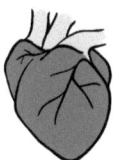

сърце

le cœur

мускул

le muscle

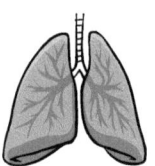

бял дроб

les poumons

черен дроб

le foie

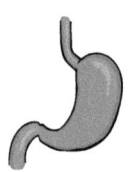

стомах

l'estomac

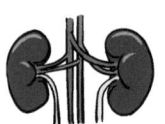

бъбреци

les reins

полово сношение

le rapport sexuel

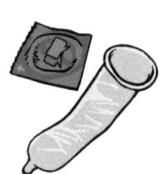

кондом

le préservatif

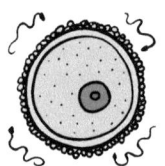

яйцеклетка

l'ovule

сперма

le sperme

бременност

la grossesse

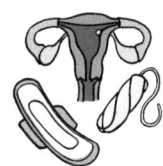

менструация

la menstruation

вагина

le vagin

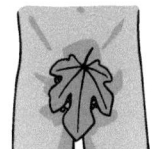

пенис

le pénis

вежда

le sourcil

коса

les cheveux

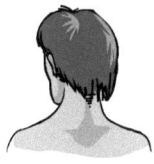

шия

le cou

болница
l'hôpital

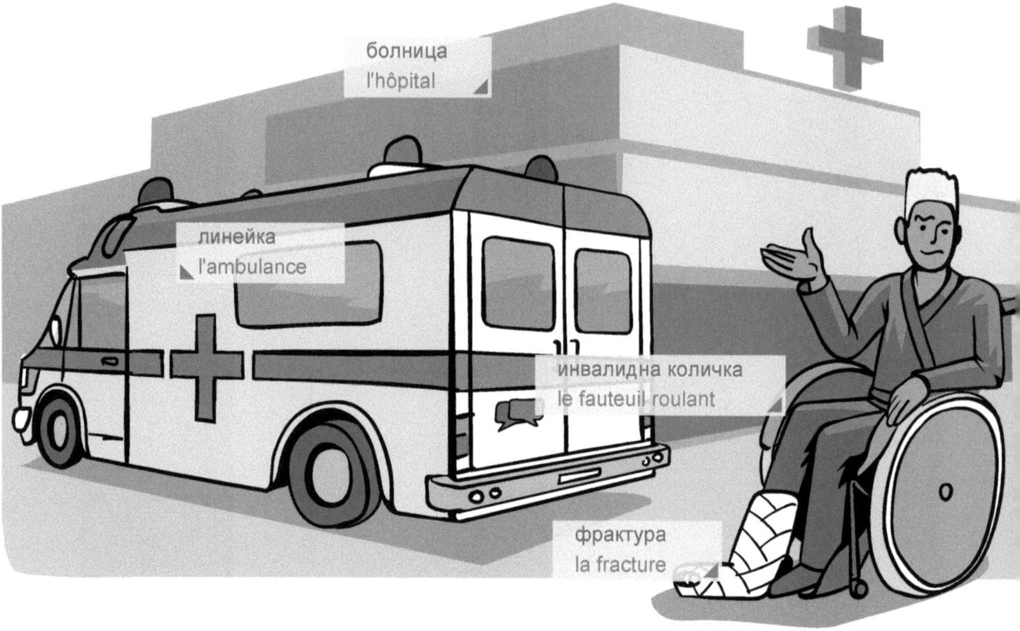

болница
l'hôpital
линейка
l'ambulance
инвалидна количка
le fauteuil roulant
фрактура
la fracture

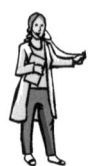

лекар

le médecin

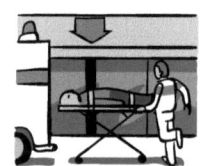

спешна хоспитализация

le service des urgences

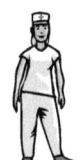

медицинска сестра

l'infirmière

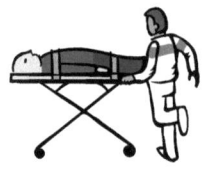

спешен случай

l'urgence

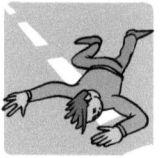

в безсъзнание

inconscient

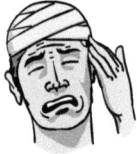

болка

la douleur

нараняване

la blessure

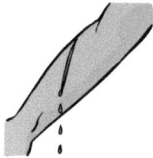

кървене

l'hémorragie

инфаркт

la crise cardiaque

инсулт

l'attaque cérébrale

алергия

l'allergie

кашлица

la toux

температура

la fièvre

грип

la grippe

диария

la diarrhée

главоболие

le mal de tête

рак

le cancer

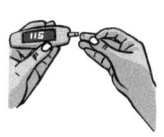

диабет

le diabète

хирург

le chirurgien

скалпел

le scalpel

операция

l'opération

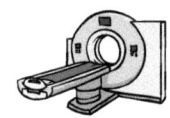

компютърна томография

le CT

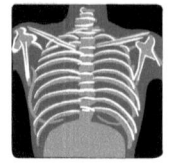

рентген

la radiographie

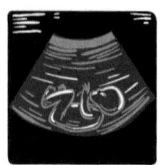

ултразвук

l'échographie

маска

le masque

болест

la maladie

чакалня

la salle d'attente

патерица

la béquille

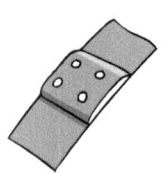

пластир

le pansement

превръзка

le pansement

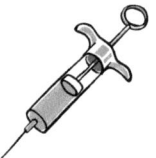

инжекция

l'injection

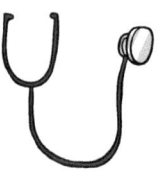

стетоскоп

le stéthoscope

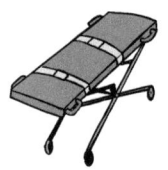

носилка

le brancard

термометър

le thermomètre

раждане

l'accouchement

наднормено тегло

la surcharge pondérale

слухов апарат

l'appareil auditif

дезинфекционно средство

le désinfectant

инфекция

l'infection

вирус

le virus

HIV / AIDS

le VIH / le sida

медицина

le médicament

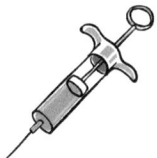

ваксинация

la vaccination

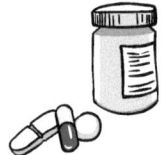

таблети

les comprimés

противозачатъчна
таблетка
la pilule

спешно телефонно
обаждане
l'appel d'urgence

апарат за измерване на
кръвното налягане

le tensiomètre

болен / здрав

malade / sain

Помощ!

Au secours !

сигнал за тревога

l'alarme

нападение

l'assaut

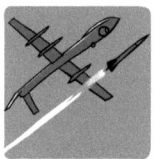

атака

l'attaque

опасност

le danger

авариен изход

la sortie de secours

Пожар!

Au feu!

пожарогасител

l'extincteur

злополука

l'accident

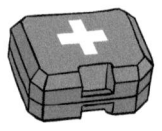

комплект за оказване на
първа помощ

la trousse de premier
secours

SOS

SOS

полиция

la police

Европа

l'Europe

Северна Америка

l'Amérique du Nord

Южна Америка

l'Amérique du Sud

Африка

l'Afrique

Азия

l'Asie

Австралия

l'Australie

Атлантически океан

l'Océan atlantique

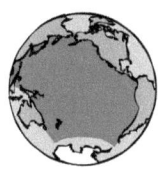

Тихи океан

l'Océan pacifique

Индийски океан

l'Océan indien

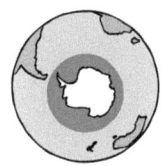

Южен ледовит океан

l'Océan antarctique

Северен ледовит океан

l'Océan arctique

Северен полюс

le Pôle nord

Южен полюс

le Pôle sud

Антарктида

l'Antarctique

Земя

la terre

суша

le pays

море

la mer

остров

l'île

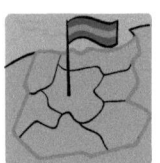

нация

la nation

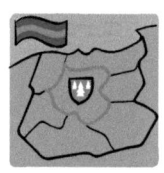

държава

l'état

циферблат

le cadran

стрелка на часовете

l'aiguille des heures

стрелка на минутите

l'aiguille des minutes

стрелка на секундите

l'aiguille des secondes

Колко е часът?

Quelle heure est-il ?

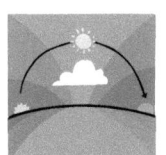

ден

le jour

време

le temps

сега

maintenant

дигитален часовник

la montre digitale

минута

la minute

час

l'heure

понеделник
lundi

сряда
mercredi

петък
vendredi

вторник
mardi

четвъртък
jeudi

събота
samedi

неделя
dimanche

вчера
hier

днес
aujourd'hui

утре
demain

сутрин
le matin

обед
le midi

вечер
le soir

работни дни
les jours ouvrables

уикенд
le week-end

дъжд
la pluie

дъга
l'arc-en-ciel

вятър
le vent

сняг
la neige

пролет
le printemps

есен
l'automne

лято
l'été

зима
l'hiver

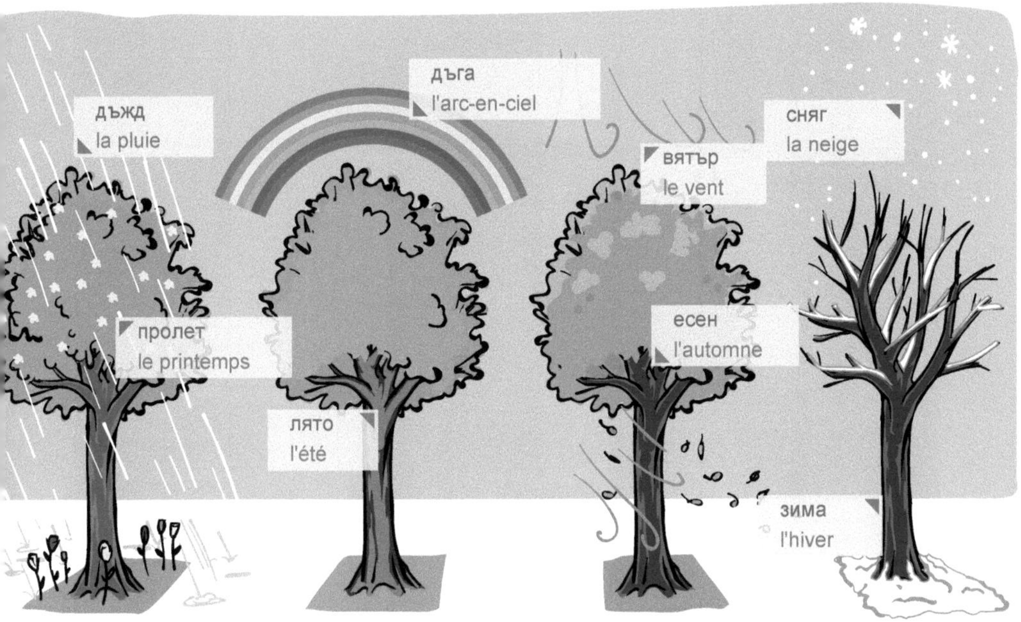

прогноза за времето

la météo

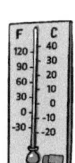

термометър

le thermomètre

слънчева светлина

la lumière du soleil

облак

le nuage

мъгла

le brouillard

влажност на въздуха

l'humidité

светкавица

la foudre

гръмотевица

la tonnerre

буря

la tempête

градушка

la grêle

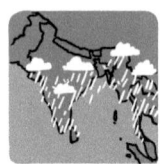

мусон

la mousson

наводнение

l'inondation

лед

la glace

януари

janvier

февруари

février

март

mars

април

avril

май

mai

юни

juin

юли

juillet

август

août

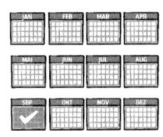

септември
....
septembre

октомври
....
octobre

ноември
....
novembre

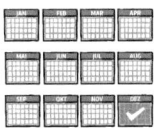

декември
....
décembre

форми

les formes

кръг
....
le cercle

квадрат
....
le carré

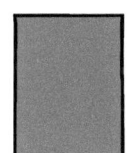

четириъгълник
....
le rectangle

триъгълник
....
le triangle

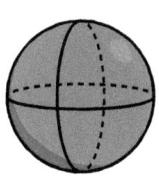

сфера
....
la sphère

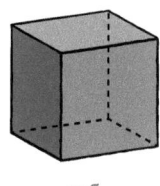

куб
....
le cube

les couleurs

бял

blanc

жълт

jaune

оранжев

orange

розов

rose

червен

rouge

лилав

violet

син

bleu

зелен

vert

кафяв

marron

сив

gris

черен

noir

много / малко

beaucoup / peu

ядосан / спокоен

fâché / calme

красив / грозен

joli / laid

начало / край

le début / la fin

голям / малък

grand / petit

светъл / тъмен

clair / obscure

брат / сестра

frère / soeur

чист / мръсен

propre / sale

пълен / непълен

complet / incomplet

ден / нощ

le jour / la nuit

мъртъв / жив

mort / vivant

широк / тесен

large / étroit

ядлив / неядлив

comestible / incomestible

сърдит / любезен

méchant / gentil

развълнуван / скучаещ

excité / ennuyé

дебел / тънък

gros / mince

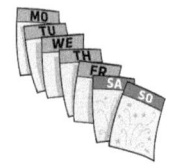

най-напред / най-накрая

le premier / le dernier

приятел / враг

l'ami / l'ennemi

пълен / празен

plein / vide

твърд / мек

dur / souple

тежък / лек

lourd / léger

глад / жажда

faim / soif

болен / здрав

malade / sain

нелегален / легален

illégal / légal

интелигентен / глупав

intelligent / stupide

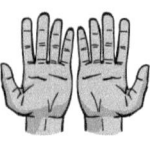

ляво / дясно

gauche / droite

близо / далече

proche / loin

нов / употребяван
nouveau / usé

нищо / нещо
rien / quelque chose

стар / млад
vieux / jeune

вкл. / изкл.
marche / arrêt

отворен / затворен
ouvert / fermé

тих / силен (звук)
faible / fort

богат / беден
riche / pauvre

правилен / погрешен
correct / incorrect

грапав / гладък
rugueux / lisse

тъжен / щастлив
triste / heureux

дълъг / къс
court / long

бавен / бърз
lent / rapide

мокър / сух
mouillé / sec

топъл / студен
chaud / froid

война / мир
la guerre / la paix

числа

les nombres

0

нула

zéro

1

едно

un / une

2

две

deux

3

три

trois

4

четири

quatre

5

пет

cinq

6

шест

six

7

седем

sept

8

осем

huit

9

девет

neuf

10

десет

dix

11

единадесет

onze

12

дванадесет

douze

13

тринадесет

treize

14

четиринадесет

quatorze

15

петнадесет

quinze

16

шестнадесет

seize

17

седемнадесет

dix-sept

18

осемнадесет

dix-huit

19

деветнадесет

dix-neuf

20

двадесет

vingt

100

сто

cent

1.000

хиляда

mille

1.000.000

милион

le million

английски

l'anglais

американски английски

l'anglais américain

китайски мандарин

le chinois mandarin

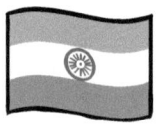

хинди

le hindi

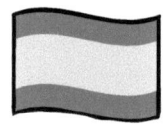

испански

l'espagnol

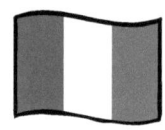

френски

le français

арабски

l'arabe

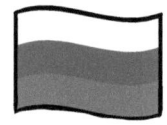

руски

le russe

португалски

le portugais

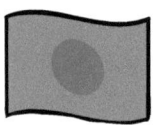

бенгалски

le bengali

немски

l'allemand

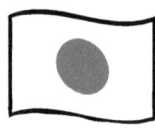

японски

le japonais

аз

je

ти

tu

той / тя / то

il / elle / ce, c', cela

ние

nous

вие

vous

те

ils / elles

кой?

Qui ?

какво?

Quoi ?

как?

Comment ?

къде?

Où ?

кога?

Quand ?

име

le nom

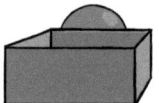

зад

derrière

в

dans

пред

devant

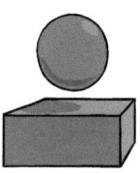

над

au-dessus

върху

sur

под

en-dessous

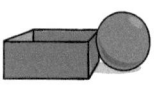

до

à côté de

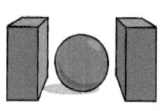

между

entre

място

le lieu